DESIGN SERIES ⑭

PATTERN 5,000 CUT
ILLUSTRATION 01

도안5,000컷 01

미술도서연구회 편

5,000 CUT DESIGN

도서출판 오람

스포츠

12

어린이

29

32

35

성 인

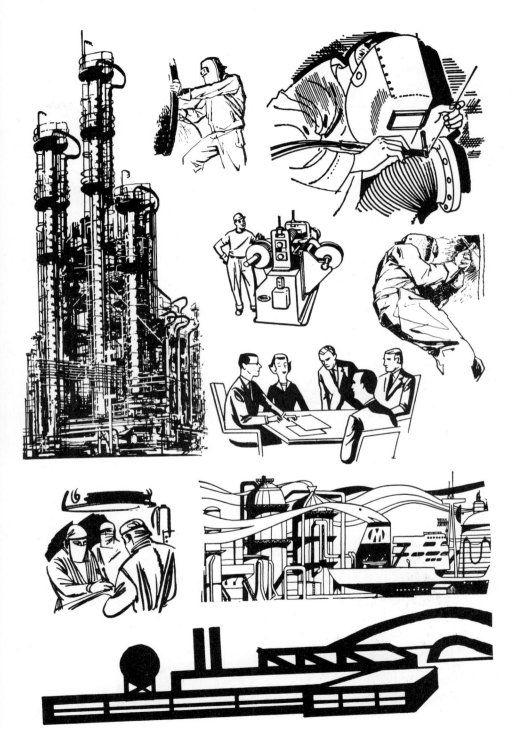

TAIPEI

72

군인 · 전투

음악

단소

인물의 심벌

91

92

94

96

101

CLEANLINESS SYSTEM

동물

조 류

135

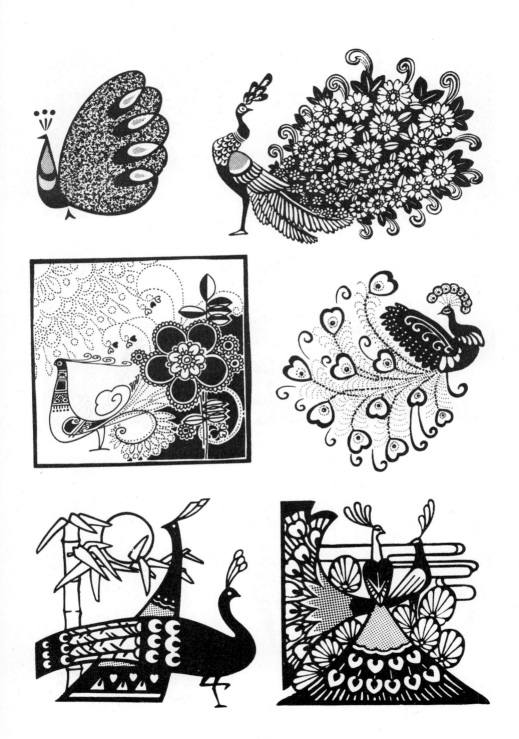

144

어패류

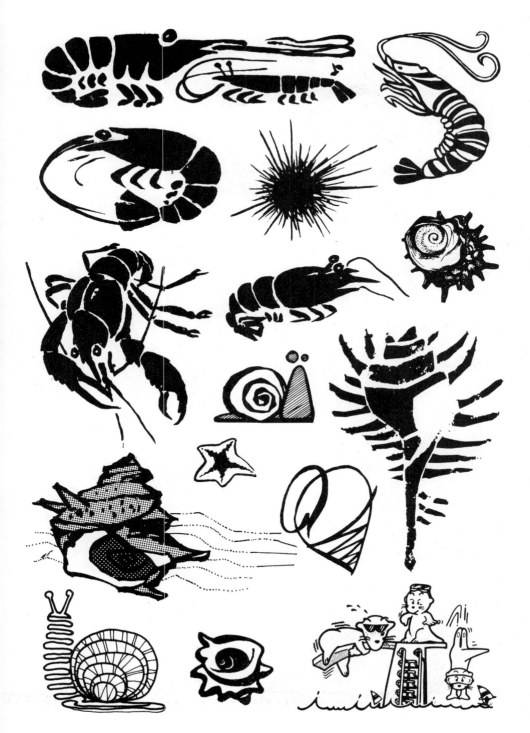

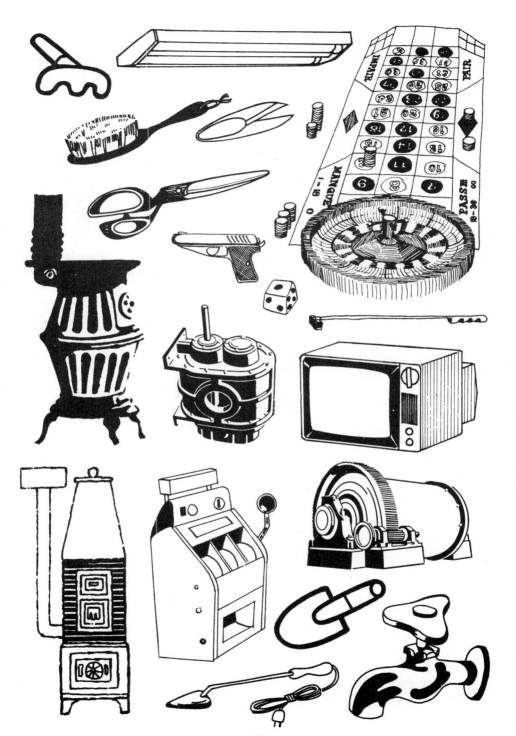

169

승 물

179

196

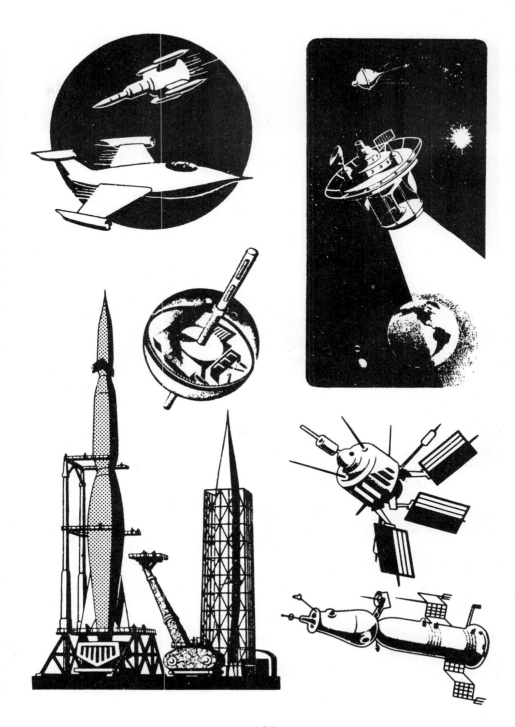

건축물 · 풍경

STATION

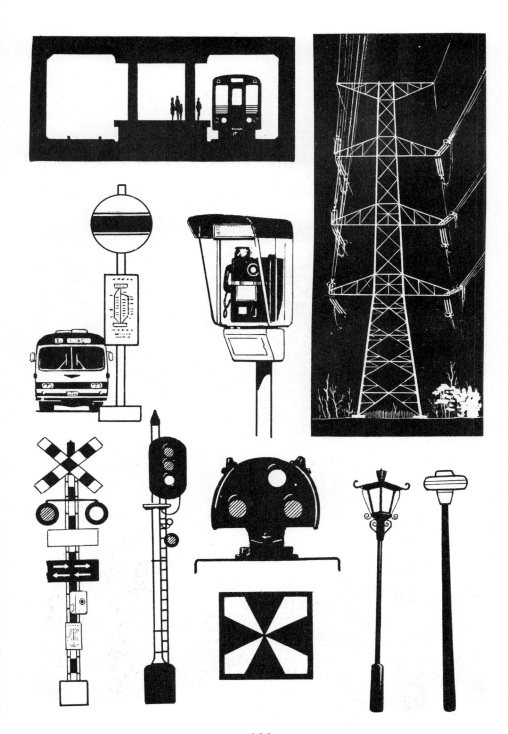

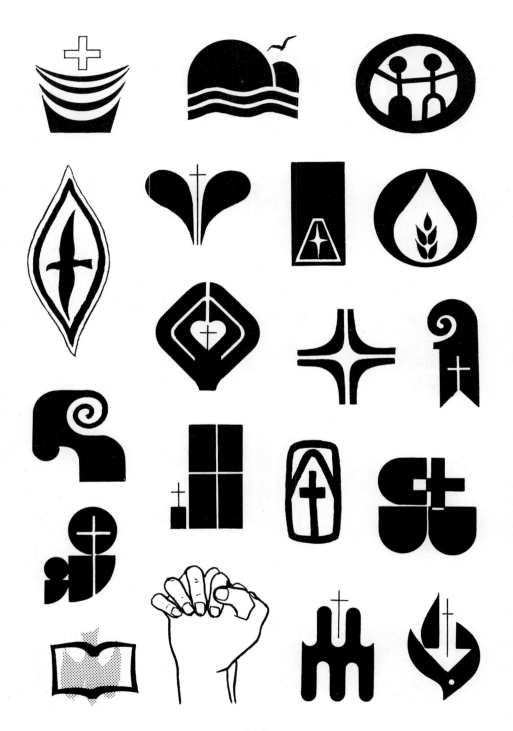

214

217

미니 컷

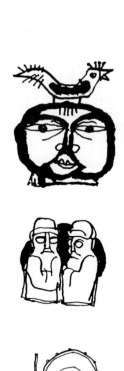

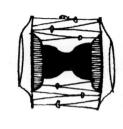

228

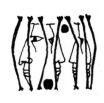

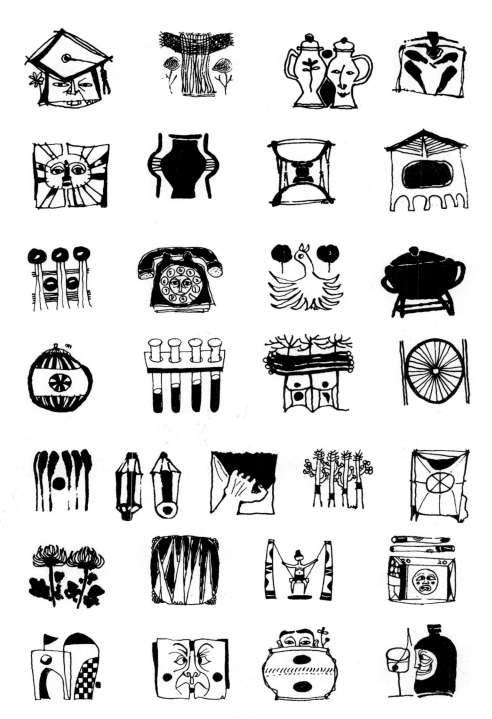

판권본사소유

도안 5,000컷 01
PATTERN 5,000 CUT
ILLUSTRATION 01

2008년 1월 7일 2판 인쇄
2017년 12월 1일 2쇄 발행

저자_미술도서연구회
발행인_손진하
발행처_ 돌샘 오럼
인쇄소_삼덕정판사

등록번호_8-20
등록일자_1976.4.15.

서울특별시 성북구 월곡로5길 34
#02797 TEL 941-5551~3
FAX 912-6007

값 11,000원

ISBN 978-89-7363-164-3
ISBN 978-89-7363-706-5(set)